MĀORI
for the Office

Te Reo
MĀORI
mō te Tari

Second Edition

Te Taura Whiri i te Reo Māori
Māori Language Commission

OXFORD
UNIVERSITY PRESS
AUSTRALIA & NEW ZEALAND

OXFORD
UNIVERSITY PRESS
AUSTRALIA & NEW ZEALAND

253 Normanby Road, South Melbourne, Victoria 3205, Australia

Oxford University Press is a department of the University of Oxford.
It furthers the University's objective of excellence in research,
scholarship, and education by publishing worldwide in

Oxford New York

Auckland Cape Town Dar es Salaam Hong Kong Karachi
Kuala Lumpur Madrid Melbourne Mexico City Nairobi
New Delhi Shanghai Taipei Toronto

with offices in

Argentina Austria Brazil Chile Czech Republic France Greece
Guatemala Hungary Italy Japan Poland Portugal Singapore
South Korea Switzerland Thailand Turkey Ukraine Vietnam

OXFORD is a trademark of Oxford University Press
in the UK and in certain other countries

First published 1997
Reprinted 2002, 2004, 2007, 2009

ISBN 978 0 19 558377 9.

Typeset by Design Rescue
Printed in Hong Kong by Sheck Wah Tong Printing Press Ltd

CONTENTS

SECTION THREE: Situations Vacant Advertisements
WĀHANGA TUATORU: Te Pānui Tūranga Wātea

SECTION FOUR: Word Lists
WĀHANGA TUAWHĀ: He Rārangi Kupu

INTRODUCTION
HE KUPU WHAKATAKI

The use of spoken and written Māori in the workplace with colleagues, employees, and clients is an important expression of our commitment to a truly bicultural New Zealand. However, it is not reasonable to expect generally monolingual English-speaking organisations to start practising balanced bilingualism in their daily affairs overnight, as it were, given that the transition from knowing nothing or very little about a language to being able to carry out a wide range of functions using that language is a lengthy and cumulative process. Accordingly, for New Zealand organisations to work towards being truly bilingual in their daily activities, it is necessary for them to map out and pursue a sustainable long-term path towards achieving this goal.

This revised edition of *Māori for the Office* is intended as a guide for those individuals and organisations committed to following such a path, and provides a selection of business-oriented vocabulary, set phrases and other items that are of particular relevance to the office situation. The first part of this booklet aims to assist those wishing to write letters in Māori, by providing information on how to write dates and addresses, how to open and close letters in Māori, and how to incorporate common courtesies into letters written entirely in Māori. The second part provides a selection of phrases commonly used when speaking on the telephone. The third part gives a range of expressions suitable for use in situations vacant advertisements. The fourth and last section offers a series of vocabulary lists designed to facilitate the use of Māori in the workplace, as well as a list of Government departments and Crown entities which have officially adopted a Māori name.

This second edition of *Māori for the Office* differs from the first in a number of ways. Firstly, the content has been revised and expanded. For example, the word lists pertaining to administration, accounting, and computer terms, the section on common courtesies in letter-writing, and the section on 'telephone talk' are included for the first time, while other sections have been extended.

In this edition also more information is given on appropriate usage. It is hoped that users will thus have a clearer idea of when it is appropriate to use a particular greeting in a business letter, for example, and what the differences are between some of the possible closings. An effort has also been made to provide a range of ways of saying things, by giving more than one vocabulary item where possible, by suggesting optional extras to basic phrases, and, in some instances, by offering a number of discrete options.

Having described briefly the aim of this book, it is also important to acknowledge its limitations. The book is by no means a comprehensive guide to using Māori in the workplace. Many useful words and phrases within each of the areas examined have no doubt been overlooked, and no attempt has been made to cover general expressions that occur in everyday business and social interaction. An in-depth handbook on Māori for the workplace, and indeed for all occasions when Māori is spoken, is a much needed resource, but one that unfortunately is beyond the scope of this booklet.

It is worth noting also that in some of the instances where the differences between alternative forms provided are fairly subtle, little or no explanation is given as to how they differ. The booklet is intended as a guide only. Where required, further clarification of the content should be sought from a very good speaker of Māori. Similarly, any important documents which include words or phrases derived from this publication should be checked by a highly competent speaker of Māori before going to print to ensure that the material has been used correctly.

Another objective of this publication is to try to promote the retention of certain Māori values in the Māori language that is used in the workplace. For Māori people in particular who speak or who are learning to speak Māori, preserving a Māori perspective of the world, and of one's place in the world, in one's choice of words is arguably more important in many instances than the words themselves. Indeed if the Māori language of everyday communication becomes much more separated from its cultural base, the language might well reach a stage where it is no longer capable of describing or perpetuating Māori values and attitudes with any greater facility than English is able to. With this sobering possibility in mind, this booklet has tried to go some small way towards promoting the vital link between Māori culture and the Māori language, if only in the case of Māori as it is used in the workplace.

Finally, the contribution of those who are committed to the revitalisation of the Māori language by fostering its use in the workplace and elsewhere must be acknowledged and applauded. It is the shared commitment of these people that will help determine a secure place for the Māori language as a national treasure to be handed down to future generations.

Conventions
Ngā Tikanga Tuhi

Words or phrases in English are given in italics. Their Māori counterparts are given in roman character. For example:

applicant   kaitono

Hi . . . it's Kere here!   Kia ora (rā) — ko Kere tēnei!

Abbreviations and Symbols
Ngā Whakarāpopototanga me ngā Waitohu

n. = noun   *v.* = verb   *adj.* = adjective

Some of the English words in the vocabulary lists can fulfil more than one part of speech. Where only one of these parts of speech is intended, one of the above abbreviations is given alongside the English word to indicate this. For example:

cooperative n.   ohu

complete v.   whakaoti

appropriate adj.   hāngai/tika

The slash / indicates 'either/or' options — that is, only one of the paired words is to be used in any particular instance. For example:

Candidates need to have   Me mōhio te kaitono ki te
good analytical skills.   tātari/wetewete whakaaro.

That is, either 'Me mōhio te kaitono ki te tātari whakaaro' or 'Me mōhio te kaitono ki te wetewete whakaaro' is possible.

I'm wanting to speak to Kuia.   Kei te hiahia/pīrangi kōrero
                                     au ki a Kuia.

Either 'Kei te hiahia kōrero au ki a Kuia' or 'Kei te pīrangi kōrero au ki a Kuia' is possible.

A word in brackets (…) indicates an optional word which may be included in the expression. Some of these items serve to modify the meaning of an expression slightly, often by intensifying it in some way; others effect a very subtle change which can often best be attributed to stylistic variation. For example:

(Not until) tomorrow.	Hei āpōpō (rā anō).
	(= slight change in meaning)
Goodbye/See you later.	Hei konā (mai).
	(= stylistic variation)

Some of the items which occur in the word lists have more than one meaning or domain of use — for example, the word 'file'. The meaning followed in this booklet is that which relates to the use of the word in a business or office context (e.g. file, 'folder for holding papers etc. arranged for reference', not 'instrument for shaping or smoothing objects'). Where it is necessary to distinguish between two uses of a word that may both occur in a business or office context, the intended reference is given in parentheses. For example, *management (personnel)* refers to the people who form the management and not to the act of managing.

Note: Many of the details used in the examples, including personal names, dates, phone numbers and addresses, are used for illustrative purposes only and are not based on fact.

SECTION ONE:
Letter Writing

WĀHANGA TUATAHI:
TE TUHI RETA

DATES AND ADDRESSES
TE RĀ ME TE WĀHI NOHO

Dates
Te Rā

The following are the generally accepted ways of writing the date in Māori:

31 May 1996	Te 31 o Haratua 1996
	Te 31 o ngā rā o Haratua 1996

Where there is a need to be as concise as possible, the shortened form which parallels the English form is also acceptable:

31 May 1996	31 Haratua 1996

Days of the Week
Ngā Rā o te Wiki

	BORROWING FROM ENGLISH	SOURCE UNKNOWN	COMMISSION ALTERNATIVES
Monday	Mane	Rātahi	Rāhina
Tuesday	Tūrei	Rārua	Rātū
Wednesday	Wenerei	Rātoru	Rāapa
Thursday	Tāite	Rāwhā	Rāpare
Friday	Paraire	Rārima	Rāmere
Saturday	Hātarei	Rāhoroi	
Sunday		Rātapu	

The above is a list of alternatives for the days of the week in Māori. Although the borrowings from English are still the most common forms used (with the exception of the Māori equivalents for Saturday and Sunday), the two alternative sets of names are preferred by some present day speakers of Māori. The source of the first of these, which follows the numerical order of the first five days of the week, is unknown. The second of the alternative lists was provided by the Commission in response to a request for Māori equivalents based on the original meaning of the English names.

Months of the Year
Ngā Marama o te Tau

The following are the most common alternative names for the months of the year in Māori.

January	Hānuere	Kohi-tātea
February	Pēpuere	Hui-tanguru
March	Māehe	Poutū-te-rangi
April	Āperira	Paenga-whāwhā
May	Mei	Haratua
June	Hune	Pipiri
July	Hūrae	Hōngongoi
August	Ākuhata	Here-turi-kōkā
September	Hepetema	Mahuru
October	Oketopa	Whiringa-ā-nuku
November	Noema	Whiringa-ā-rangi
December	Tīhema	Hakihea

Addresses
Te Wāhi Noho

P.O. Box 311	Pouaka Poutāpeta 311
Private Bag	Pouaka Motuhake
Private Box	Pouaka Motuhake

A Selection of Place Names
He Kohikohinga Ingoa Wāhi

The following is a selection of well-known (mostly English) place names and their Māori equivalents. Well-known Māori place names are only included where the Māori rendition differs in some way from the generally accepted 'English' form of the word (for example, *Timaru*, Te Tihi-a-Maru; *Whakatane*, Whakatāne). A more comprehensive list of Māori place names and derivations can be found in the Reed *Dictionary of Māori Place Names* and in the map of Māori place names circa 1840 published by the Department of Survey and Land Information in 1995.

Note that New Zealand Post has gone some way towards supporting the use of Māori by accepting mail addressed in Māori which is bound for a number of the main centres. These centres are indicated in **bold** type in the list below.

Ashburton	Hakatere
Auckland	**Tāmaki-makau-rau**
Blenheim	Te Waiharakeke
Bluff	Murihiku
Christchurch	**Ōtautahi**
Dannevirke	Tāmaki-nui-a-Rua
Dunedin	**Ōtepoti**
Feilding	Aorangi
Foxton	(Te) Awahou
Gisborne	**Tūranga-nui-a-Kiwa**
Greymouth	Māwhera
Hamilton	**Kirikiriroa**
Hastings	Heretaunga
Invercargill	Waihopai
Levin	Taitoko
Lower Hutt	Te Awakairangi
Masterton	Whakaoriori
Napier	**Ahuriri**
Nelson	Whakatū
New Plymouth	Ngāmotu
Oamaru	Te Oha-a-Maru
Palmerston North	**Te Papaioea**
Petone	Pito-one
Taupo	Taupō-nui-a-Tia
Tauranga	Tauranga-moana
Timaru	Te Tihi-a-Maru
Upper Hutt	Whakatiki
Waitemata	Waitematā

Wanganui	Whanganui
Wellington	**Te Whanga-nui-a-Tara/**
	Pōneke
Whakatane	Whakatāne
Whangarei	Whangārei

OPENING GREETING
TE MIHI

The purpose of this section and the next two sections is to offer some suggestions for people who wish to open and close their letters with a simple but appropriate expression in Māori. The selection of suitable expressions is by no means comprehensive and should serve only as an indication of the types of phrases that it may be appropriate to use. Note that the Māori phrases provided are often not literal translations of the English terms given alongside them. Rather, they are equivalent ways of expressing the same ideas.

Formal Greeting
He Mihi Ōkawa

Dear Sir/Madam	Tēnā koe.
Dear Sir/Madam	E te rangatira, tēnā koe.
Dear Sir/Madam	Tēnā koe e te rangatira.
Dear Sir/Madam	Kei te rangatira, tēnā koe.

(Rangatira has a range of meanings, including 'chief, male or female', and is a generally accepted way of expressing the idea of Sir or Madam in Māori.)

*(when writing to or addressing **two** people)*	Tēnā kōrua
*(when writing to or addressing **three** or **more** people)*	Tēnā koutou

The following is another formal way of addressing the head of an organisation in Māori:

> E/Kei te kaihautū, tēnā koe.

> Tēnā koe e te kaihautū.

Kaihautū literally means 'the person who gives the time for the rowers in a canoe' and is widely used to refer to the 'leader' of a group or organisation.

If you are writing a formal letter as a follow-up to an earlier letter or conversation with the addressee, this can be acknowledged by modifying the greeting in the following way:

> *Greetings again/Hello again*   Tēnā anō (rā) (koe).

This may then be followed by a wider acknowledgement of circumstances in general, thereby setting the scene for the rest of the letter. For example:

> Tēnā hoki koe/kōrua/koutou me ngā āhuatanga o te wā.

> Tēnā hoki koe/kōrua/koutou i ngā āhuatanga o te wā.

> Tēnā hoki koe/kōrua/koutou i roto i ngā āhuatanga o te wā.

> *Greetings to you and the circumstances of the time.*

Informal Greeting
He Mihi Ōpaki

Hello/Hi	Kia ora.
Hello/Hi	Kia ora rā.
Hello/Hi	Kia ora mai rā.

Kia ora can be used to address any number of people. It is appropriate to use this greeting in an informal letter, or when addressing a person or people you know fairly well.

As with the more formal opening, if you are writing a follow-up to an earlier letter or conversation, this can be acknowledged by including the word 'anō' in the following way:

Hello again/Hi once again.	Kia ora anō rā.
Hello again/Hi once again.	Kia ora mai anō.

It is possible to add to this less formal greeting the name of the person you are addressing, or some other term which reflects your relationship with them, for example:

Hi Hinerangi.	Kia ora Hinerangi.
Hi Fred.	Kia ora Fred.
Hello, friend.	Kia ora e hoa.

(The term 'hoa' is generally used when addressing someone who is either of a similar age to you or younger than you.)

Hello.	Kia ora e hine.

(Used by an *older* woman or man to a younger *woman.*)

Hello.	Kia ora e tama.

(Used by an *older* woman or man to a younger *man.*)

It is worth noting that it might be seen as inappropriate to use these more familiar greetings unless you know the person you are writing to fairly well. Alternatively it is possible to compromise by combining the more formal and less formal approaches. One way of doing this is as follows:

Tēnā koe e hine./Tēnā koe e tama.

These constructions can be turned round in the following way without changing the meaning:

E hine, tēnā koe./E tama, tēnā koe.

General Greeting to a Large Group of People
He Mihi Whānui ki te Tokomaha

When sending a very formal letter to a large number of individuals or groups, any of the following forms of address may be used. The literal translations may sound unnatural to native speakers of English — this is simply a result of cultural difference.

E ngā mātāwaka o te motu, tēnā koutou katoa.	*All groups throughout the land, greetings to you all.*
E ngā iwi, e ngā karangatanga, te iti me te rahi, tēnā koutou, tēnā tātou.	*All peoples, all alliances, great and small alike, greetings to you, greetings to us all.*
E ngā iwi, e ngā reo, e ngā karangatanga maha o ngā hau e whā, tēnei te mihi atu ki a koutou katoa.	*All peoples, all voices, all the alliances from the four winds, I greet you all.*
E ngā mana, e ngā reo, e ngā karangatanga maha, tēnā koutou.	*All authorities, all voices, all the many alliances and affiliations, greetings.*

FAREWELL TO THE DEAD
TE POROPOROAKI

This part of the section on letter-writing is designed primarily to give basic assistance to those who are unfamiliar with the practice of including a reference to the dead in those instances where it may be considered appropriate to include one.

When writing a formal letter to someone you are developing a business relationship with, making reference to the dead is an important way of generating respect between you and the person you are writing the letter to. This is common practice among Māori writing to each other, and the inclusion of such a reference is not necessarily restricted to a single letter, but may continue across a number of exchanges.

Ultimately, however, the decision as to whether or not it feels 'right' to include a reference to the dead, especially in the case of non-Māori writing letters to Māori, is a matter of personal choice, and is likely to depend on a number of things, including the relationship of the letter-writer to the person for whom the letter is intended.

The poroporoaki (*farewell*) usually comes directly after the initial greeting, and is followed by the main body of the letter. The following is an example of a general acknowledgement. There are, of course, many ways of expressing this type of sentiment. Those who wish to use alternative or more specific references, but require assistance in order to do so, are advised to seek the help of a highly fluent speaker of Māori.

Ō tātou mate tūātini, i takoto mai ai i runga i ō tātou marae maha, i runga i ō tātou papa kāinga, i roto i ō tātou whare, kua uhia rātou ki ngā taumata kōrero e tika ana hei poroporoaki i a rātou. Nā reira, me kī pēnei ake te kōrero, tukuna rātou kia okioki i runga i te moenga roa. Āpiti hono, tātai hono, ko te akaaka o te rangi ki a rātou; āpiti hono tātai hono, ko te akaaka o te whenua ki a tātou te hunga ora.

Our many deceased, who lay in state at our numerous ancestral lands and houses, have been appropriately eulogised. Therefore let it be said, may they rest in eternal peace. Let them be united, bound by the sacred heavenly strands. Let us, the living, be bound by the earthly strands of common goals and aspirations.

CLOSING
TE WHAKAMUTU KŌRERO

General Concluding Remarks
He Kupu Whakatepe

One of the following expressions is a suitable way of concluding the main part of a letter:

Enough said.		Me mutu pea i konei.
	or:	Kua rahi (pea) tēnei.
	or:	Kāti ake i konei.
	or:	Ka nui (pea) tēnei.
	or:	Ā kāti.
I've gone on long enough.		Kāore e kumea roatia te kōrero.
	or:	Kāore e tōia roatia te kōrero.

This type of ending is often followed by an expression of good wishes:

(So), Look after yourself.		(Nō reira,) Noho ora mai rā.
(So), I hope all remains well.		
May you remain well.		Noho ora mai koe i roto i ngā manaakitanga katoa.
	or:	Noho mai rā i roto i ngā manaakitanga katoa.
	or:	Noho pai mai i roto i ngā manaakitanga katoa.

The following is another basic set phrase which can be used to conclude a letter:

Goodbye for now.	Hei konā mai.

This can be modified to include an expression of thanks or love:

Goodbye and thank you.	Hei konā mai i roto i ngā mihi.
	Hei konā mai me ngā mihi.
With love.	Hei konā mai i roto i te aroha.
	Hei konā mai me te aroha.

Another simple way of expressing thanks which may be used at the end of a letter is:

Many thanks.	Aku mihi nui ki a koe.

The following are suitable if the writer is hoping for a response:

Until I hear from you again.	Kia rongo kōrero anō au i a koe.
Let me know (your response).	Māu au e whakamōhio mai.
or:	Tēnā koa whakamōhiotia mai au.

The following are two slightly more intimate ways of ending a letter, suitable perhaps for inclusion in a letter to a friend or relative:

Do look after yourself.	Ka mea rā ka tiaki i a koe.
Do write when you get the chance.	Ka mea rā ka tuhi mai.

Signing Off
Te Haina

Yours faithfully	Nāku, nā
Yours sincerely	Nāku noa, nā

If two people are signing the letter, use:

Nā māua (noa), nā

If three or more people are signing the letter, use:

Nā mātou (noa), nā

When writing to someone whom you feel grateful or obliged to for some reason and you wish this to be reflected in the way you sign off, the following variations are possible.

Yours sincerely/humbly   Nāku iti nei

Yours with thanks   Nāku i runga i aku mihi ki a koe

Enclosure
Te Raunga Atu

encl. (1 item)   me te raunga atu

encl. (2 or more items)   me ngā raunga atu

EXAMPLES
HE TAUIRA

Example of a Formal Letter
He Reta Ōkawa — He Tauira

Tohu kōnae: 2/4/0

Te 5 o ngā rā o Whiringa-ā-rangi 1996
Kahurangi Gray
Tumuaki
Te Kātuhituhi
Pouaka Motuhake 83
ŌTEPOTI

E te rangatira, tēnā koe.

Tēnā hoki koe i ngā āhuatanga o te wā.

Ō tātou mate tūātini, i takoto mai ai i runga i ō tātou marae maha, i runga i ō tātou papa kāinga, i roto i ō tātou whare, kua uhia rātou ki ngā taumata kōrero e tika ana hei poroporoaki i a rātou.

Nā reira, me kī pēnei ake te kōrero, tukuna rātou kia okioki i runga i te moenga roa. Āpiti hono, tātai hono, ko te akaaka o te rangi ki a rātou; āpiti hono tātai hono, ko te akaaka o te whenua ki a tātou te hunga ora.

*I write to seek your organisation's support in relation to the Tūhauora
2000 scheme I discussed with you briefly over the phone last week. I
have enclosed full details of the project, including its main objectives,
timelines, and the type of assistance we were hoping your organisation
might be able to contribute to the project. Please contact me if you
have any further queries. I look forward to hearing from you in the
near future.*

Me mutu pea i konei. Noho ora mai rā i roto i ngā manaakitanga
katoa.

Nāku iti nei, nā

Tame Pakaua
Kaiwhakahaere
Tūhauora 2000

Example of an Informal Letter
He Reta Kōkau Noa — He Tauira

Te 15 o Kohi-tātea 1996

Kiri Mōnehu
Pouaka Poutāpeta 173
PAHIATUA

Kia ora anō rā.

*Thanks for your note the other week and the invitation to attend the
'retreat'. Taparoto and I will be attending on behalf of Te Whaka-
marumaru Tamariki. We're looking forward to catching up with
what's happening on the other side of the range. There's just one prob-
lem — neither of us knows where Pongaroa is. Would it be possible
for you to send us a map? Sorry to be a hōhā!*

Heoi anō, ka nui pea tēnei. Kia rongo kōrero anō au i a koe.

Nāku noa,
nā

Kōkōmuka Tū-tara-ā-whare
Taurima
TE WHAKAMARUMARU TAMARIKI

OTHER COMMON COURTESIES
ĒTAHI MOMO WHAKARANGATIRA I TE
TANGATA

This final part of the section on letter-writing aims to provide
those with a reasonable level of competence in the language who
wish to write letters entirely in Māori with a number of ways of
showing courtesy or respect towards the person they are writing
to, especially in relation to the purpose of the letter.

One of the most important aspects of proficiency in any lan-
guage is the ability to use expressions that are appropriate to what
you are trying to achieve. For example, if you are requesting
something, it is important to couch your request in a way that will
make the addressee look favourably on your request. If a person
wishes to express surprise, shock, anger or regret, this is often best
achieved by using particular turns of phrase that convey these feel-
ings accurately and efficiently.

Providing a range of expressions which fulfil these 'functions of
language', as they are termed, is beyond the scope of this hand-
book. However it is worth looking at a small number that fall into
the more general category of 'politeness strategies', especially
those which are relevant to the writing of business letters. The
specific purpose of the expressions given below ranges from con-
veying gratitude and acknowledging the work commitments of
the addressee through to accepting blame. However, this section
really only touches on the sorts of things people might want to say
in this regard, and on various ways of saying them. A fuller treat-
ment of different ways of expressing the full range of human
intentions and emotions would be very desirable but, to our
knowledge, has yet to be attempted in a Māori language-learning
publication.

Note: In the examples used, the speech is directed at a single
addressee. In some instances the expression will not change when
the number of people being addressed changes (e.g. *Please ...*
Tēnā koa ...) However in other instances, it will be necessary to
replace the word **koe** (*you*, one person), where it occurs, with
either **kōrua** (*you*, two people) or **koutou** (*you* , three or more
people), depending on how many people are being addressed in
the letter, e.g. *I hope that **you (two people)** will reconsider my*

application. Ko te tūmanako ka tirohia anō e **kōrua** taku tono. In some cases other parts of the basic phrases given here might need to be modified too. Where those wishing to address more than one person are not sure how to carry out these modifications, the help of a good speaker of Māori be sought.

Please ...	**Tēnā koa ...**
e.g. Please send me an invoice.	Tēnā koa tukuna mai he/te nama ki a au.
e.g. Please fax me the minutes of our meeting.	Tēnā koa waea whakaahuahia mai ngā kōrero o tā tātou hui.
e.g. Please ring me before 5pm, if you're able to.	Tēnā koa waeahia mai au i mua i te 5 o ngā hāora (i te ahiahi nei), mēnā ka taea e koe.

I hope/We hope/It is hoped ...	**Ko te tūmanako ...**
e.g. I hope this is of some use.	Ko te tūmanako he āwhina kei roto i tēnei.
e.g. I hope you are able to attend the interview.	Ko te tūmanako ka wātea/tae mai koe ki te uiuinga.
e.g. I hope that you will reconsider my application.	Ko te tūmanako ka tirohia anō e koe taku tono.
I know that you're busy but ...	**E mōhio ana au kei te nui ō mahi, engari/heoi anō ...**
I know you've got a heavy workload/are horribly workload/are horribly busy, but ...	E mōhio ana au he nui ngā mahi/taumahatanga kei runga i a koe, engari/heoi anō ...
or:	E mōhio ana au he nui ngā taumahatanga e pīkauhia ana e koe, engari/heoi anō ...
I know it's a lot to ask, but ...	E mōhio ana au ki te nui o taku īnoi/tono, engari/heoi anō ...

or: E mōhio ana au he nui taku
īnoi/tono, engari/heoi anō ...

or: E mōhio ana au he īnoi/tono
nui tēnei, engari/heoi anō ...

I know it's a very big ask,   E mōhio ana au arā noa atu te
but ...   nui o tēnei īnoi/tono āku,
engari/heoi anō ...

If possible, could you   **Mēnā ka taea e koe,**
please ... /If you are able   **tēnā koa ...**
to, could you please ...

e.g. If possible, could you please   Mēnā/Mehemea ka taea e koe,
check my arrival time.   tēnā koa tirohia te hāora tae atu
ai au.

e.g. If you are able to, could you   Mēnā/Mehemea ka taea e koe,
please distribute this flyer to   tēnā koa tohaina te mātārere
the people in your region.   nei ki ngā tāngata o tō rohe.

If you can't, never mind./If   **Mēnā/Mehemea kāore e taea**
you are unable to, never   **e koe, kei te pai/hei aha koa.**
mind.

or: Ki te kore e taea e koe, kei te
pai/hei aha koa.

If you can't, don't worry   Mēnā/Mehemea kāore e taea e
about it./ If you are unable   koe, hei aha noa iho.
to, don't worry about it.

or: Ki te kore e taea e koe, hei aha
noa iho.

Whatever you can offer   **Ka nui noa atu te wāhi/mara**
would be a great help/   **mara ka taea e koe.**
would be most appreciated.

or:	Ahakoa pēhea te wāhi/mara-mara ka taea e koe, ka nui noa atu tērā.
or:	Ahakoa te wāhi/maramara ka taea e koe, mā hea mai i tēnā.
or:	Ka rangatira au i te wāhi/maramara ka taea e koe.

If you aren't free ..., never mind/it's okay.	**Mēnā/Mehemea kāore koe e wātea (mai) ..., kei te pai/hei aha koa.**
or:	Ki te kore koe e wātea (mai)..., kei te pai/hei aha koa.
e.g. If you aren't free to attend the launch, never mind.	Mēnā kāore koe e wātea ki te haere mai ki te whakaterenga, kei te pai.
e.g. If you aren't free to attend the AGM, never mind.	Ki te kore koe e wātea mai ki te Hui ā-Tau, hei aha koa.
e.g. If you aren't free on that day, it's okay.	Mehemea kāore koe e wātea ā/i taua rā, kei te pai.
I don't know where to turn to/I'm at a loss as to where to turn to .../ I've no idea ...	**Kāore au e mōhio me tahuri (au) ki hea ...**
or:	Kua kore (au) e mōhio me tahuri (au) ki hea ...
or:	Kāore e aro (i a au) me tahuri (au) ki hea ...
or:	Kua kore e aro (i a au) me tahuri (au) ki hea ...

or:	Tē aro i a au me tahuri (au) ki hea …
e.g. I don't know where to turn to to get help	Kāore au e mōhio me tahuri au ki hea, kimi āwhina ai.
or:	Kāore au e mōhio me tahuri au ki hea ki te kimi āwhina.
or:	Kua kore e aro i a au me tahuri ki hea, kimi āwhina ai.
or:	Kua kore e aro i a au me tahuri ki hea ki te kimi āwhina.
e.g. I've no idea where to turn to to seek sponsorship.	Kua kore au e mōhio me tahuri ki hea, kimi pūtea tautoko ai.
or:	Kua kore au e mōhio me tahuri ki hea ki te kimi pūtea tautoko.
or:	Tē aro i a au me tahuri ki hea, kimi tautoko ā-pūtea ai.
or:	Tē aro i a au me tahuri ki hea ki te kimi tautoko ā-pūtea.
I don't know who to turn to …/ I'm at a loss as to who to turn to …/I've no idea …	Kāore au e mōhio me tahuri (au) ki a wai …
	Kua kore (au) e mōhio me tahuri (au) ki a wai …
or:	Kāore e aro i a au me tahuri (au) ki a wai …
or:	Kua kore e aro me tahuri (au) ki a wai …
or:	Tē aro i a au me tahuri (au) ki a wai …

or:	Auē, taukuri ē, me tahuri rā ki a wai …
e.g. I'm at a loss as to who to turn to to seek enlightenment on this matter.	Kāore au e mōhio me tahuri ki a wai, kimi māramatanga ai ki tēnei take.
or:	Kua kore e aro me tahuri au ki a wai, kimi māramatanga ai ki tēnei take.
Alas, where can I turn/who can I turn to …	Auē, taukuri ē, me tahuri rā ki hea/ki a wai...
e.g. Alas, who can I turn to to get help	Auē, taukuri ē, me tahuri rā ki a wai kimi āwhina ai.
I'm sorry/My apologies (i.e. I made a mistake/I was wrong)	**Taku hē, taku hē./Taku hara, taku hara./Mō taku hē, mō taku hē.**
e.g. My apologies — I sent you the wrong report.	Taku hē, taku hē — i hē taku tuku atu i te pūrongo ki a koe.
or:	Taku hara, taku hara, i hē te pūrongo i tukuna atu ki a koe.
e.g. I'm very sorry, I thought you ordered three hundred, not three.	Mō taku hē, mō taku hē, i pōhēhē nei au e toru rau kē tāu i tono ai, ehara kē i te toru noa iho.
Thank you very much.	**Tēnā rawa atu koe./Kia ora rawa atu koe.**
Thank you very much for all your help/assistance.	Tēnā rawa atu koe i āwhina mai i a au.
or:	Kia ora rawa atu mō ngā āwhina.

SECTION TWO:
Using Māori on the Telephone

WĀHANGA TUARUA:
TE KŌRERO MĀORI I TE WAEA

The following are some of the more common expressions that people use when speaking on the telephone. As with the preceding section, this one looks only at the more formulaic things that people say in this context, and provides only some of the alternative ways of conveying these ideas in Māori.

An attempt has been made to categorise the expressions according to the order in which they usually arise and who usually says them: that is, the caller or the receiver. The categorisation is only for ease of reference, and more often than not a telephone conversation will consist of some of the utterances provided here and others which are peculiar to that particular conversation. Those wishing to learn other simple phrases and ways of saying things in Māori are advised to enrol in an appropriate Māori language course or consult proper Māori language-learning texts.

OPENING PHRASES
HE TĪMATANGA KŌRERO

(**C** = utterances usually used by the **caller**)

(**R** = utterances usually used by the the person **receiving** the call)

Possible openings by the person *receiving* the call

Fairly formal:

    R: *Hello/Good morning/*   Tēnā koe.
         Good afternoon, etc.

Less formal:

    R: *Hello/Hi!/G'day!*   Kia ora.

If you are answering an incoming call and wish to include the name of your organisation, this can be done in one of the following ways:

    R: *The Department of*   Te Tari Taiwhenua
         Internal Affairs

R: *The Department of Internal Affairs — Hello/Good Morning* — Te Tari Taiwhenua — Tēnā koe

R: *This is the Department of Internal Affairs* — Ko Te Tari Taiwhenua tēnei.

R: *Hello — this is the Department of Internal Affairs* — Kia ora — Te Tari Taiwhenua

Possible openings by the person *making* the call

Fairly formal:

C: *Hello* — Tēnā koe.

Less formal:

C: *Hello/Hi* — Kia ora.

C: *Hello there! /Hi!/Hi there!* — Kia ora rā!

C: *Hello friend!/G'day mate!* — Kia ora (rā) e kare!

(The term 'kare' is generally used by a woman or man when addressing a *woman* who is either of a similar age as or younger than the speaker.)

C: *Hello friend!/G'day mate!* — Kia ora (rā) e hoa!

(The term 'hoa' is generally used by a woman or man when addressing a *man* who is either of a similar age as or younger than the speaker.)

C: *Hi Bill!* — Kia ora Bill!

C: *Hi Pare!* — Kia ora e Pare!

C: *Hi Hāmi!* — Kia ora Hāmi!

The caller can also add his/her name to any of these, for example:

C: *Hi, it's Hīkaka (here).* — Kia ora (rā) — ko (Te) Hīkaka tēnei!

C: *G'day mate/friend —*   Kia ora e kare/hoa —
it's Hikaka here!   ko (Te) Hīkaka tēnei!

C: *Hi Hāmi — it's Hikaka*   Kia ora Hāmi — ko (Te) Hīka
(here).   tēnei!

Additional information can be added to this opening phrase, for example:

C: *Hello — it's Hīkaka (here)*   Kia ora (rā) — ko (Te) Hīkaka
from the Kōhanga Reo.   tēnei o Te Kōhanga Reo.

C: *Hello — it's Hīkaka,*   Kia ora — ko (Te) Hīkaka
Kiriwai's colleague/   tēnei, te hoamahi o Kiriwai.
workmate.

C: *Hello — it's Hīkaka here*   Kia ora — ko (Te) Hīkaka
— Rangiamohia's secretary. tēnei — te hēkeretari a
     Rangiamohia.

Possible responses by the person *receiving* the call)

R: *(Oh) Hello! /Hi!/G'day!*   (Ā) Kia ora (rā)!
Hi there!

R: *Hello friend!/G'day mate!*   Kia ora (rā) e kare!

R: *Hello friend!/G'day mate!*   Kia ora (rā) e hoa!

R: *Hi Hīkaka!*   Kia ora Hīkaka!

OTHER EXCHANGES
ĒTAHI ATU WHAKAWHITI KŌRERO

C/R: *How are you?*   E pēhea/pēwhea ana (koe)?

C/R: *How are you?*   Kei te pēhea/pēwhea (koe)?

C/R: *How are you?*   Kei te aha?

C/R: *I'm well!*	E pai ana!/Kei te pai!/Kei te rawe!/Ka nui te ora/pai!
C/R: *I'm very well!*	E tino pai ana!/Kei te pai katoa!/Kei te rawe rawa atu!/ Ka nui te ora/pai!
C/R: *That's good!*	(Ana/Ā) ka pai!/Koinā te kōrero!
C/R: *And you?*	A koe (rānei)?
C/R: *How are you?*	Kei te pēhea koe?/E pēhea ana koe?
C/R: *'So so'*	Ko taua āhua anō./Ko taua āhua tonu./E āhua pai ana.
C/R: *Same as usual.*	Heoi anō./Kei te pērā tonu.
C/R: *Not so good.*	Kāore e pērā rawa ana te pai. Kāore i te tino pai. Kāore e tino pai ana.
C/R: *I've got a bit of a problem (actually).*	Kei te āhua raruraru.

Next phase of conversation — the purpose of the call:
receiver-**initiated**

R: *Who would you like to speak to?*	Ko wai tāu e hiahia nā?
	Kei te hiahia kōrero koe ki a wai?
	E hiahia kōrero ana koe ki a wai?
C: *Robin.*	Ko Robin.
	Ki a Robin.
R: *Do you want to speak to Robin?*	Kei te hiahia/pīrangi kōrero koe ki a Robin?

C: *Yes.* Āe.

C: *I do indeed.* Āna!/Koia!

C: *No —* Kāo/Kāore/E hē/ E kāo —

C: *— it's Te Kōhai I'm after.* — ki a Te Kōhai./

— ko Te Kōhai kē tāku e whai/hiahia nei.

C: *I want Te Kōhai.* ko Te Kōhai kē taku hiahia.

C: *I want to speak to Te Kōhai.* kei te hiahia kōrero kē au ki a Te Kōhai.

e hiahia kōrero kē ana au ki a Te Kōhai.

Next phase of conversation — the purpose of the call: *caller*-initiated

C: *Is Te Kōhai there?* Kei konā a Te Kōhai?

C: *I was wanting to speak to Te Kōhai.* Kei te hiahia/pīrangi kōrero au ki a Te Kōhai.

C: *I'm trying to catch up with Te Kōhai.* Kei te whaiwhai haere au i a Te Kōhai.

C: *I've been trying to get in touch with Te Kōhai.* Kei te kimi/rapu au i a Te Kōhai.

E kimi/rapu ana au i a Te Kōhai.

C: *Is he/she there?/ Is he/she in?* Kāore (ia) i konā?/ Kei konā (anō) (ia)?

Next phase of conversation — if the person is in

R: *Yes.* Āe. (Kei konei.)

C: *Can I speak with him/her (please)?* Tēnā kia kōrero atu au./ Tēnā kia kōrero au ki a ia.

R: *Hold on.* Taihoa (nei).

R: *Just a minute./Hold on.*   Taihoa ake nei (e kare).
(i.e. I'll get him/her./
I'll put you through to
him/her.)

R: *I'll put you through to*   Māku koe e whakawhiti atu
him/her.   (ki a ia).

C: *Thank you.*   Kia ora (rā) (e kare).

R: *Yes, but he/she is in a*   Āe, engari kei te hui kē (ia).
meeting at the moment.

R: *Yes, but he/she is on the*   Āe, engari kei te waea kē (ia).
phone at the moment.

   Yes, but he/she is on another call.

R: *Yes but he/she is speaking*   Āe, engari kei te kōrero kē ki
with someone else at the   tētahi atu.
moment.

R: *He/She shouldn't be*   Kāore pea e (tino) roa.
(very) long.

R: *Do you want to hold?*   Kei te hiahia/pīrangi
                                         tatari/whanga mai koe?

R: *Do you want to wait until*   Kei te hiahia/pīrangi tatari/
he/she is free?   whanga koe kia wātea ia?

R: *You don't want to wait*   Kāore koe e tatari/whanga kia
until he/ she is free?   wātea mai (ia)?

Next phase of conversation — if the person is out

R: *No (he/she isn't).*   Karekau/Kāore.

R: *He/She is out.*   Kei te haere kē (ia).

R: *He/She has gone.*   Kua haere kē (ia).

R: *He/She has gone home.*   Kua hoki kē (ia).

R: *He/She is not here.*   Kei te ngaro kē (ia).

R: *He/She is away for the whole week.*   Kei te ngaro kē ia mō te katoa o te/tēnei wiki.

R: *He/She is in Rotorua this week.*   Kei Rotorua kē ia i tēnei wiki.

R: *He/She is sick/unwell (i.e. on sick leave).*   Kei te mate/māuiui (kē) (ia).

R: *He/She is in a meeting.*   Kei te hui kē (ia).

R: *He/She is gone out.*   Kua puta kē (ia).

R: *He/She is (already) gone out for lunch.*   Kua puta (kē) ia ki te tina.

R: *I don't know where he/she is.* Kei hea rā e ngaro ana!

C: *What time will he/she be back?*   Āhea ia ka hoki mai?/Āhea ia hoki mai ai?

C: *When will he/she be free?*   Āhea ia ka wātea mai?/Āhea ia wātea mai ai?

R: *I don't know.*   Kāore au e mōhio.

R: *I don't know!/I haven't a clue!*   E aua!

R: *At three o'clock.*   Ā te toru o ngā hāora./Ā te toru karaka.

R: *(Not until) tomorrow.*   Hei āpōpō (rā anō).

R: *Do you want to leave a message?*   Kei te hiahia whakarere mai koe i tētahi kōrero?

     Kāore koe e whakarere karere mai māna?

C: *Yes.*   Āe.

C: *No, it's all right.*   (Kāo/Kāore) Kei te pai.

C: *No, never mind.*   Kei te pai — hei aha noa iho.

C: *I'll ring again.*   Māku e waea atu anō.

C: *I'll ring again soon.*   Māku e waea atu anō ā kō ake nei.

Ka waea atu anō au ā kō ake nei.

C: *I'll ring again this afternoon.*   Ka waea atu anō au ā te ahiahi nei.

Māku e waea atu anō ā te ahiahi nei.

R: *OK then.*   Ā/Āe.

R: *OK then./That's a good idea.*   (Ā) Ka pai (tēnā).

C: *Could you (please) tell him/her I rang.*   Tēnā (koa) kī atu (ki a ia) i waea atu au.

Māu e mea/kī atu i waea atu au.

C: *Could you (please) tell him/her I returned his/her call.*   Tēnā (koa) kī atu (ki a ia) i whakahoki au i tana waea mai.

R: *OK — I'll tell him.*   Āe, māku e kōrero atu/Kei te pai, māku e kōrero atu.

C: *Could you please ask him/her to ring me.*   Tēnā koa īnoihia atu ia kia waea mai (ki a au).

R: *OK then./I'll do that.*   Ā/Āe.

R: *OK (that's fine) I'll tell him/her.*   Ā/Āe, (kei te pai) māku e kōrero atu.

R: *Has he/she got your phone number?*   Kei a ia tō tau waea?

C: *Yes (he/she has).*   Āe.

C: *No … here it is:*   Kāo/Kāore … anei:
   03 4990476.   03 4990476.

R: *What's your phone number*   He aha tō tau waea (i konā)?
   (there)?

C: *03 4990476.*   03 4990476.

R: *OK (that's fine),*   Ā (kei te pai), māku e kōrero
   I'll tell him/her.   atu.

CLOSING PHRASES
TE WHAKAMUTU KŌRERO

R: *Thank you.*   Kia ora (rā).

R: *Thank you very much.*   Kia ora rawa atu.

C: *That's OK.*   Āe.

C: *That's OK.*   Kei te pai.

C: *That's OK.*   Ā/Āe, kei te pai.

C: *Goodbye/See you later.*   Hei konā (mai).

R: *Goodbye/See you later.*   (Ā/Āe), hei konā (mai).

EXAMPLES
HE TAUIRA

Example 1
Tauira 1

R: *Arts Council of New Zealand, good morning.*

Toi Aotearoa, tēnā koe.

C: *Hello, it's Chris Holmes here from the Lotteries Grants Board.*

Kia ora, ko Chris Holmes tēnei o Te Poari Rota.

R: *Hi.*

Kia ora.

C: *I was wanting to speak to Waireti Tawa. Is she in?*

Kei te hiahia kōrero au ki a Waireti Tawa. Kei konā anō ia?

R: *Yes (she is). Just a moment.*

Āe. Taihoa ake nei.

C: *Thanks.*

Kia ora rā.

Example 2
Tauira 2

R: *Hello.*

Kia ora.

C: *Hi — it's Kere here!*

Kia ora rā — ko Kere tēnei!

R: *G'day mate! How are you?*

Kia ora rā, e kare! E pēwhea ana koe?

C: *Very good. And you?*

E tino pai ana. A koe?

R: *I'm very well … Do you want to speak to Barbara?*

Ka nui te ora … Kei te pīrangi kōrero koe ki a Barbara?

C: *No I'm after Piripi actually. Is he in?*

Kāo, ko Piripi kē tāku e whai nei. Kei konā ia?

R: *Yeah, but he's on the phone. Do you want to hold on until he's free?*

Āe, engari kei te waea kē. Kei te hiahia whanga mai koe kia wātea ia?

C: *No never mind. Just tell him I rang.*

Kei te pai — hei aha noa iho. Māu e mea atu i waea atu au.

R: *OK — I'll tell him.*

Āe, māku e kōrero atu.

C: *Thanks ... well, see you later.*

Ka pai ... hei konā.

R: *Yeah, see you later.*

Āe, hei konā mai.

SECTION THREE:
Situations Vacant Advertisements

WĀHANGA TUATORU:
TE PĀNUI TŪRANGA WĀTEA

The following is a selection of expressions that often appear in 'Situations Vacant' advertisements. It is by no means a comprehensive list, nor is the Commission suggesting that the Māori expressions provided below are the *only* ways that these ideas can be expressed.

In some cases, more than one option is provided. Sometimes the alternatives say exactly the same thing; in other instances they reflect the fact that the English phrase being translated is open to more than one interpretation. Where the difference between alternatives is not clear, the advice of a fluent speaker of Māori should be sought.

This section is designed to serve merely as a guide to these types of expressions, and should be used with caution. Care should be taken to ensure that the proposed advertisement is not only accurate but stylistically appropriate to meet the needs of both the employer and also the people for whom the advertisement is intended. For example, stringing together a number of the basic expressions given below without modifying them in some way would result in a very repetitive and impersonal advertisement. A far better option would be for a fluent speaker of Māori to select parts of what is provided here and modify them to produce a job advertisement in Māori that is both accurate and appealing.

The use of brackets indicates words that can be included to modify an expression slightly. The bracketed words below are generally intensifiers; that is, they intensify in some way the idea that is being expressed. For example, *me mōhio* is generally used to translate 'should', whereas the addition of **mātua**, *me **mātua** mōhio*, produces a more definite 'must'. The slash mark (/) is used to indicate where there is an option as to the choice of word used. Some of these alternatives are synonymous, while others have slightly different meanings, reflecting different interpretations of the English words they are translating. Those who are unsure about the differences in meaning effected by these optional items should seek the advice of a good speaker of Māori.

Introductory Remarks
He Kupu Whakataki

(The) (name of organisation) is seeking ...	E kimi/rapu ana (a) (ingoa whakahaere) i tētahi ...

or:	E kimihia/rapua ana e (ingoa whakahaere) tētahi …
e.g. Transit New Zealand is seeking to appoint a Senior Policy Analyst.	E kimi ana a Ararau Aotearoa i tētahi Kaitātari Kaupapa Matua.
or:	E kimihia ana e Ararau Aotearoa tētahi Kaitātari Kaupapa Matua.
e.g. The AIDS Foundation is seeking a mature person to manage its Assistance Programmes.	E rapu ana Te Tūāpapa Mate Ārai-Kore i tētahi tangata pakeke/pakeke nei ngā whakaaro hei whakahaere i ana Kaupapa Āwhina.
or:	E rapua ana e Te Tūāpapa Mate Ārai-Kore tētahi tangata pakeke/pakeke nei ngā whakaaro hei whakahaere i ana Kaupapa Āwhina.
A (type) position is available at/within the (name of organisation).	E wātea ana tētahi/he tūranga (…) i (ingoa whakahaere).
or:	Kua wātea tētahi/he tūranga (…) i (ingoa whakahaere).
e.g. A position is available within the Department of Conservation …	E wātea ana tētahi tūranga i Te Papa Atawhai …
or:	Kua wātea tētahi tūranga i Te Papa Atawhai …
e.g. A researcher position is currently available at the Ministry of Women's Affairs.	E wātea ana tētahi tūranga kairangahau i Te Minitatanga mō ngā Wāhine.

	or:	Kua wātea tētahi tūranga kairangahau i Te Minitatanga mō ngā Wāhine.
A new position has been established at/within (name of organisation).		Kua whakatūria/whakaritea tētahi tūranga hou i (ingoa whakahaere).
e.g. A new position has been established at New Zealand on Air.		Kua whakatūria tētahi tūranga hou i Irirangi te Motu.
This is an important/key position within the organisation.		He tūranga matua tēnei i roto i ngā mahi o tēnei whakahaere.
	or:	He tūranga mātāmua tēnei i roto i ngā mahi o tēnei whakahaere.
	or:	He tino tūranga tēnei i roto i ngā mahi o tēnei whakahaere.
This is a new position.		He tūranga hou tēnei.
	or:	He tūranga tēnei kātahi anō ka whakatūria.
	or:	Kātahi anō ka whakatūria tēnei tūranga.

General Skills Required
Ngā Pūmanawa Whānui e Hiahiatia ana

Candidates need to be able to communicate with people well/have good interpersonal skills.	Me/Kia (mātua) mōhio te kaitono ki te kōrero (tahi) ki te tangata.

or:	Me (mātua) mōhio te kaitono ki te whakawhiti whakaaro ki te tangata.
or:	Me (mātua) mōhio te tangata ki te kōrero, ki te whakarongo ki te tangata.
Candidates need to be able to relate to people of all backgrounds.	Me (mātua) mōhio te kaitono ki te kōrero/mahi tahi ki te tangata, ahakoa (ko wai) te tangata.
or:	Me (mātua) mōhio te kaitono ki te kōrero/mahi tahi ki ngā momo tāngata katoa.
Candidates need to be able to work by themselves.	Me (mātua) mōhio te tangata ki te mahi ko ia anake.
or:	Me (mātua) mōhio te tangata ki te mahi ko tōna kotahi.
or:	Me (mātua) mōhio te tangata ki te mahi me tōna kotahi.
Candidates need to be able to work with other people/in groups.	Me (mātua) mōhio te kaitono ki te mahi ngātahi/tahi ki te tangata.
or:	Me (mātua) mōhio te kaitono ki te mahi ngātahi/tahi ki te tokomaha.
or:	Me (mātua) mōhio te kaitono ki te mahi ā-rōpū.
or:	Me (mātua) mōhio te kaitono ki te mahi ohu.
Candidates need to have a good understanding of Māori values and attitudes.	Me (mātua) mōhio te kaitono ki ngā tikanga, ki ngā whakaaro o te ao Māori.

or:	Me (mātua) mōhio te kaitono ki te whakaaro Māori, ki te ao o te Māori.
or:	Me (mātua) mōhio te kaitono ki te iwi Māori, ki ōna whakaaro, ki tāna titiro.
Candidates need to have a good understanding of Māori culture.	Me (mātua) mōhio te kaitono ki ngā tikanga Māori.
Candidates need to be able to resolve problems.	Me mōhio/mātau te kaitono ki te kimi huarahi whakatau/ whakamahea raruraru.
or:	Me mōhio/mātau te kaitono ki te whakatau/whakamahea raruraru.
Candidates need to be able to meet objectives.	Me mōhio te kaitono ki te whakatutuki whāinga.
or:	Me mōhio te kaitono ki te kimi huarahi e tutuki (pai) ai āna whāinga.
or:	Me mōhio te kaitono ki te kimi huarahi e tutuki (pai) ai ana mahi.
or:	Me mōhio te kaitono ki te kimi huarahi e oti (pai) ai ana mahi.
Candidates need to be able to meet deadlines.	Me mōhio te kaitono ki te whakatutuki/whakaoti mahi i (roto i) te wā kua whakaritea.
or:	Me whai te kaitono kia tutuki/oti ana mahi i roto i te wā kua whakaritea.

or: Me whai te kaitono kia kaua e oti/tutuki tōmuri ana mahi.

or: Me whai te kaitono kia kaua e tōmuri te whakaotinga/ whakatutukitanga o ana mahi.

Candidates need to be able to set priorities. Me mōhio te kaitono ki te whakatau ko ēhea o ana mahi/kaupapa hei whāinga mātāmua (māna), ko ēhea hei mahi/kaupapa mātāmuri.

or: Me mōhio te kaitono ki te whiriwhiri ko tēhea/ēhea o ana mahi me mātua whakatutuki, ko tēhea/ēhea ka taea te waiho kia tārewa.

Candidates need to have a commitment to Equal Employment Opportunities. Me (tino) tautoko te kaitono i te/ngā kaupapa Whakaōrite Whiwhinga Mahi.

or: Me (tino) tautoko te kaitono i te Ara Whakawhiwhi Mahi Tautika.

Candidates need to have a commitment to biculturalism. Me (tino) ngākaunui/tautoko/ aro atu te kaitono ki ngā tikanga kākano-rua.

or: Me (mātua) noho tiketike mai ki ngā whakaaro o te kaitono ngā tikanga kākano-rua.

or: Kia noho tiketike mai ki ngā whakaaro o te kaitono ngā tikanga kākano-rua.

Candidates must possess good written skills. Me (tino/mātua) mōhio te kaitono ki te tuhi.

or:	Me (tino/mātua) mōhio te kaitono ki te tuhi, ā, kia mārama tonu/kia hāngai tonu/kia whai tikanga tonu ana tuhinga.
or:	Me (tino/mātua) mōhio te kaituhi ki te tuhi e mārama ai ana whakaaro.
Candidates must have good oral skills.	Me (tino/mātua) mōhio te kaitono ki te kōrero ki te tangata.
or:	Me (tino/mātua) mōhio te kaitono ki te whakapuaki i ōna whakaaro.
or:	Me (tino/mātua) mōhio te kaitono ki te kōrero e mārama ai ana whakaaro ki tētahi atu/ ki te huhua o te tangata.
Candidates should have reasonable Māori language ability.	Me āhua mōhio (anō) te kaitono ki te kōrero Māori.
or:	Me āhua matatau (anō) te kaitono ki te kōrero Māori.
or:	E tika ana kia (āhua) mōhio/matatau te kaitono ki te kōrero Māori.
or:	Kia (āhua) autaia tonu te mōhio/matatau o te kaitono ki te kōrero Māori.
Candidates must have a high degree of fluency in Māori.	Me tino matatau te kaitono ki te kōrero Māori.
or:	Me matatau tonu te kaitono ki te kōrero Māori.

Candidates must have excellent spoken and written Māori language ability.	Me tino matatau te tangata ki te kōrero Māori, ā-waha, ā-tuhi.
or:	Me tino matatau te tangata ki te kōrero me te tuhi ki te reo Māori.
or:	Me tino matatau te tangata ki te kōrero me te tuhi i te reo Māori.
Candidates need to be able to read and write in both Māori and English.	Me mōhio te kaitono ki te pānui, ki te tuhi ahakoa reo Māori, reo Pākehā rānei.
or:	Me mōhio te kaitono ki te pānui, ki te tuhi ki te reo Māori me te reo Pākehā.
Candidates need to have good analytical skills.	Me mōhio te kaitono ki te tātari/wetewete whakaaro.
or:	Me mōhio te kaitono ki te tātari/wetewete kōrero e kitea ai te ngako/tino o te kōrero.
Candidates must have good administrative skills.	Me (tino/mātua) mōhio te kaitono ki te whakahaere pai/tōtika i ana mahi.
Canditates must know how to manage projects.	Me (tino/mātua) mōhio te kaitono ki te whakahaere kaupapa.
Candidates must know how to manage budgets.	Me (tino/mātua) mōhio te kaitono ki te whakahaere pūtea.
Candidates must know how to budget carefully.	Me (tino/mātua) mōhio te kaitono ki te penapena pūtea.
Candidates must possess good typing skills.	Me (mātua) mōhio te kaitono ki te patopato/paopao (kōrero).

Candidates must possess good policy development skills.	Me (mātua) mōhio te kaitono ki te whakatakoto/hanga kaupapa (here).
or:	Me (mātua) mōhio te kaitono ki te whakatakoto me te tātari kaupapa (here).
Candidates must be computer literate.	Me (mātua) mōhio te kaitono ki te raweke/whakamahi/ whakahaere rorohiko.
Candidates must have good negotiation skills.	Me (mātua) mōhio te kaitono ki te whiriwhiri kaupapa tahi ki te tangata.
or:	Me (mātua) mōhio te kaitono ki te hui tahi ki te tangata ki te whiriwhiri kaupapa/take.
Candidates must have good advocacy skills.	Me (mātua) mōhio te kaitono ki te kōkiri kaupapa.
Candidates must hold a current driver's licence.	Me (mātua) whai raihana waka te kaitono.
It would be an advantage if…	Mehemea/mēnā … ko te painga atu tēnā/tērā.
or:	Mehemea/Mēnā … kātahi ka tino pai rawa atu.
or:	Mehemea/mēnā … ka tino pai rawa atu tēnā/tērā.
e.g. It would be an advantage if the applicant knows shorthand.	Mēnā e mōhio ana te kaitono ki te (tuhi) ringapoto, ko te painga atu tērā.
or:	Mehemea e mōhio ana te kaitono ki te tuhi ringapoto, kātahi ka tino pai rawa atu.

e.g. It would be an advantage to have a relevant degree.

Mehemea kua whakawhiwhia te kaitono ki tētahi tohu mātauranga e hāngai ana ki tēnei mahi/tūranga, ko te painga atu tēnā.

or:

Mēnā kua whakawhiwhia te kaitono ki tētahi tohu mātauranga e hāngai ana ki tēnei mahi/tūranga, ka tino pai rawa atu tērā.

e.g. It would be an advantage to have worked in a similar job.

Mēnā kua mahi/whai kē te kaitono i tētahi mahi pēnei, ko te painga atu tērā.

or:

Mehemea kua mahi/whai kē te kaitono i tēnei momo mahi, ka tino pai rawa atu tēnā.

e.g. It would be an advantage if the candidate has a background in statistics.

Mēnā kua whai wāhi atu te kaitono ki ngā mahi tatauranga, ko te painga atu tērā.

or:

Mēnā e waia/taunga/mōhio ana te kaitono ki te ao tatauranga, kātahi ka tino pai rawa atu.

e.g. It would be an advantage if the candidate has had social work experience in the community.

Mēnā kua whai wāhi atu te kaitono ki ngā mahi toko i te ora i waenga i te iwi, ko te painga atu tēnā.

e.g. It would be an advantage if the candidate is familiar with networks within the Māori community.

Mēnā e waia/taunga/mōhio ana te kaitono ki ngā kōtuinga tangata o te ao Māori, ko te painga atu tērā.

or:

Mēhemea e waia/taunga/mōhio ana te kaitono ki ngā taura tangata o te iwi Māori, kātahi ka tino pai rawa atu.

Salary
Te Utu

Salary: $____.	Te Utu: $____.
Salary range: $____ – $____.	Te Utu: $____ ki te $____.
	Te Utu: Kei waenga(nui) i te $____ me te $____.
A salary range of $____ – $____ is envisaged.	Ko te utu e whakaarohia ake ana, kei (waenganui i) te $____ me te $____.
or:	Ko te utu e whakaarohia ake ana, mai i te $____ ki te $____.
Salary negotiable.	Ka taea te āta whiriwhiri te utu.
or:	Ka taea te utu te āta whiri-whiri.
or:	Kāore anō kia/i whakatauhia te utu.
or:	Kāore anō te utu kia/i whakatauhia.
Salary will depend on the skills and experience that the successful applicant brings to the job.	Ko te utu, ka whakatauhia i runga i ngā pūmanawa me ngā mōhio o te tangata ka whakawhiwhia ki tēnei tūranga.

Conditions
Ngā Here

This is a short-term appointment, available from ____ to ____.	He tūranga nohopoto tēnei, e wātea ana atu i te ____ ki te ____.

The period of employment is six months.	E ono marama te roa o tēnei mahi.
The contract is for a three year period.	E toru tau te roa o te kirimana.
The position is for up to _____ hours a week.	Kāore e neke atu tēnei mahi i te _____ hāora i te wiki.
This is a full-time position.	He tūranga ukiuki tēnei.
This is a permanent position.	He tūranga taumano tēnei.
This is a part-time position.	He tūranga harangote tēnei.
This position may be offered on a job-share basis.	Ka taea tēnei tūranga/mahi te mahi e te tokorua.
Conditions of appointment include 20 days annual leave and 10 days sick leave.	E 20 ngā rā whakamatuatanga ā-tau, 10 ngā rā e wātea ana i raro i tēnei kirimana mō te tūpono ka pāngia koe/te tangata e te mate.
or:	E 20 ngā rā whakamatuatanga ā-tau, 10 ngā rā e whakaaehia ana i raro i tēnei kirimana kei tūpono ka pāngia koe/te tangata e te mate.

Application
Te Tono

For further information please contact: Karen Brown (ph. (06) 3682488)	Mehemea e hiahiatia ana ētahi atu kōrero e pā ana ki tēnei tūranga, waea mai ki a: Karen Brown (waea (06) 3682488)
or:	Ki te pīrangitia te roanga atu o ngā kōrero mō tēnei tūranga, waea mai ki a Karen Brown ...

or:

A full job description is available from our office.

or:

Applications should be sent to: (the Principal, Waiopehu College)

Applications should be sent, along with curriculum vitae (CV) to: (the Personnel Officer, Ministry of Education, Private Box 1666, Wellington.)

Please send applications, along with curriculum vitae (CV) to: (the Personnel Officer, Ministry of Education, Private Box 1666, Wellington.)

Applications will be treated in the strictest confidence.

or:

Quote vacancy number:____

or:

Ko te roanga atu o ngā kōrero kei a Karen Brown...

Kei tō mātou tari te katoa o ngā kōrero e pā ana ki tēnei tūranga.

Ka taea te katoa o ngā kōrero e pā ana ki tēnei tūranga te tono i tō mātou tari.

Me tuku mai ngā tono ki: (Te Tumuaki, Te Kura Tuarua o Waiopehu)

Me tuku mai tō tono me tō tāhuhu tangata/tātai oranga (CV) ki: (te Kaitiaki Kaimahi, Te Tāhuhu o te Mātauranga, Pouaka Motuhake 1666, Te Whanga-nui-a-Tara.

Tēnā koa tukua mai tō tono me tō tāhuhu tangata/tātai oranga (CV) ki: (te Kaitiaki Kaimahi, Te Tāhuhu o te Mātauranga, Pouaka Motuhake 1666, Te Whanga-nui-a-Tara.)

Ka noho tapu ngā tono.

Ka noho tapu ngā kōrero katoa e pā ana ki ngā tono/kaitono.

Tēnā koa tuhia mai te tau/ tātai o te tūranga/mahi: _____

Me tuhi anō hoki te tau/tātai o te tūranga/mahi: _____

Applications close on *22 December 1997.*	Ka kati ngā tono ā te 22 o (ngā rā o) Hakihea 1997.
Applications close at 4pm on *Friday 21 March 1997.*	Ka kati ngā tono ā/i te 4 o ngā hāora i te ahiahi o te 21 o Poutū-te-rangi 1997.
or:	Ka kati ngā tono ā/i te 4 karaka i te ahiahi o te 21 o Poutū-te-rangi 1997.
Applications must reach the *Ministry by 5pm on* *7 February 1997.*	Me (mātua) tae mai ngā tono ki te Manatū i mua i te 5 o ngā hāora i te ahiahi o te 7 o Hui-tanguru 1997.
or:	Me (mātua) tae mai ngā tono ki te Manatū i mua i te 5 karaka i te ahiahi, te 7 o Hui-tanguru 1997.

EXAMPLE
HE TAUIRA

The New Zealand Sports Institute

Manager: Māori Promotion Programmes

A new managerial position has been established within the Sports Institute. It is a senior position within this organisation, and accordingly a wide range of skills are being sought. Candidates must be able to manage projects and budgets, communicate with people well, and write clearly. One of the main functions associated with this position is that of consulting and working with Māori people with a view to increasing Māori participation in sports and fitness-related activities, and to this end candidates should be familiar with the world of sport

*and fitness and should have excellent spoken and written Māori. It
would also be an advantage if the candidate is familiar with networks
within the Māori community.
This is a full-time position based on a two year contract. The salary
range envisaged is $35,000–$45,000, although the salary will ulti-
mately be determined by the skills and experience that the successful
applicant brings to the job.
For further information, please contact Katrina Brunt (03
3682488) at our Head Office). Applications should be sent, along
with CV, to the New Zealand Sports Institute, PO Box 40, Christ-
church. Applications close at 5pm on 4 July 1997.*

Te Pūtahi Hākinakina o Aotearoa

Kaiwhakahaere: Kaupapa Whakatairanga ki te Iwi Māori

Kua whakatūria tētahi tūranga kaiwhakahaere hou i te Te
Pūtahi Hākinakina. He tūranga mātāmua tēnei i roto i ngā mahi
o tēnei whakahaere, ā, nā tēnei, he nui ngā pūmanawa e kimihia
ana. Me mātua mōhio te kaitono: ki te whakahaere kaupapa; ki te
whakahaere pūtea; ki te kōrero tahi ki te tangata; me te tuhi e tino
mārama ai ana whakaaro. Ko tētahi mahi nui ka taka mai i raro i
tēnei tūranga, ko te kōrero tahi, ko te mahi tahi ki te iwi Māori e
kaha ake ai te whai wāhi mai a tēnei hunga ki ngā mahi hākinaki-
na, nā reira me mōhio te kaitono ki ngā āhuatanga o te ao hāki-
nakina, ā, me tino matatau anō hoki ki te kōrero me te tuhi ki te
reo Māori. Mēnā e mōhio ana te kaitono ki ngā kōtuinga tāngata
o te ao Māori, ko te painga atu tērā.

He tūranga ukiuki tēnei, ā, e rua tau te roa o te kirimana. Ko te
utu e whakaarohia ake ana, kei waenga i te $35,000 me te
$45,000, engari i te mutunga iho, ka whakatauhia i runga i ngā
pūmanawa me ngā mātauranga o te tangata ka whakawhiwhia ki
tēnei tūranga.

Ki te pīrangitia te roanga atu o ngā kōrero mō tēnei tūranga,
waea mai ki a Katrina Brunt (waea (03 3682488) i te Tari
Matua). Me tuku mai tō tono me tō tāhuhu tangata ki Te Pūtahi
Hākinakina o Aotearoa, Pouaka Poutāpeta 40, Ōtautahi. Ka kati
ngā tono i te 5 o ngā hāora i te ahiahi o te 4 o Hōngongoi 1997.

SECTION FOUR:
Word Lists

WĀHANGA TUAWHĀ:
HE RĀRANGI KUPU

The following is a compilation of the terms relevant to the office situation that the Māori Language Commission has been asked at some stage to provide Māori equivalents for. It is by no means an exhaustive list, but rather one that has grown out of requests from various organisations and individuals for new Māori vocabulary.

A substantial number of the Māori words used to translate the English terms provided are well known, others are not so well known. Many of the lesser known words are derived from Williams's *A Dictionary of the Māori Language* and other major sources of Māori vocabulary. The derivations of many of these terms can be found in the second edition of *Te Matatiki*, the Māori Language Commission's dictionary of contemporary Māori words published by Oxford University Press in 1995.

Positions
Ngā Tūranga

accountant	kaikaute/ringakaute
administration officer	kaiwhakahaere tari
adviser	kaiārahi/kaiwhakamāherehere
analyst	kaitātari
applicant	kaitono
appointee	kopounga/tangata kua whakawhiwhia ki te tūranga/mahi
architect	kaihoahoa (whare)
archivist	kaitiaki pūranga/kaitiaki rokinga
assistant	kaiāwhina
boss	rangatira
broker	takawaenga
businessman	kaipakihi
businesswoman	kaipakihi
candidate	kaitono
casual worker	kaimahi waimori/kaimahi kōhikohiko
chairman	tumuaki
chief executive officer	kaiwhakahaere matua/pou whaka- haere
civil servant	kaimahi kāwanatanga
client	kiritaki

client base	apataki
colleague	hoamahi
committee	komiti
computer consultant	mātanga rorohiko
consultant	mātanga
coordinator	kairuruku
customer	kiritaki
delegate n.	māngai
delegation	apatono
deputy chairman	tumuaki tuarua
doctor	rata/tākuta
economist	mātanga ōhanga/kaitirotiro ōhanga
employee	kaimahi
employer	rangatira/kaituku mahi
executive assistant	kaiāwhina mātāmua/kaiāwhina matua
executive director	kaiwhakahaere matua
full-time worker	kaimahi ukiuki
general manager	kaiwhakahaere matua/pou whakahaere
human resources officer	kaitiaki kaimahi
interpreter	kaiwhakamāori ā-waha
lawyer	poutoko ture/rōia
lecturer	pūkenga
legal adviser	kaiwhakamārama ture/ kaiwhakamahuki ture
liaison officer	takawaenga
librarian	kaitiaki pukapuka
manager	kaiwhakahaere/tumu
management (personnel)	tumu whakahaere
minute-taker	kaituhi/kaiāmiki
nurse	tapuhi/nēhi/nāhi
office assistant	kaiāwhina/whakahirihiri
officer	āpiha/kiriārahi
part-time worker	kaimahi harangote
personal assistant	kaiāwhina tumuaki
personnel officer	kaitiaki kaimahi
policy analyst	kaitātari kaupapa/kaiwhakatakoto kaupapa
public servant	kaimahi kāwanatanga
receptionist	kiripaepae

receiver	kaiwhakarewa pakihi
researcher	kairangahau
secretary	hēkeretari/urupū
security guard	kaupare māhie
solicitor	poutoko ture/rōia
telephonist	kaiwhakautu waea
tradesperson	ringarehe
training officer	kaiwhakangungu
translator	kaiwhakamāori (ā-tuhi)
typist	kaipatopato
volunteer	tūao
visitor	manuhiri
work gang	tokomatua
working party	rōpū whiriwhiri/awheawhe

Offices and Organisations
Ngā Tari me ngā Whakahaere

agency	pūtahi
board	poari/tumu whakahaere
body corporate	rangatōpū
centre	pokapū
commission	rangapū
corporation	tokapū
company	kamupene/umanga
department	tari/rāngai
division	wāhanga/rāngai
head office	tari matua
incorporated society	manatōpū
institute	pūtahi
ministry	manatū
organisation	whakahaere
regional office	tari ā-rohe
service	ratonga/taumatua
section	wāhanga
society	manatōpū
trust	(ngā) matapopore, (ngā) kaitiaki
trustees	(ngā) matapopore
unit	wāhanga

Buildings and Signs
Ngā Whare me ngā Pānui Tara-ā-Whare

carpark	papawaka
conference room	rūnanga/wāhi hui/taiwhanga hui
elevator	ararewa
equipment room	rūma/taiwhanga taputapu
escalator	ara maiangi
exit	putanga
fire alarm	whakahoho
fire escape, fire exit	rerenga ahi
floor, first	papa tuatahi
floor, ground	papa whenua
floor, top	papa tāuru
foyer	roro
interview	rūma uiui/taiwhanga uiui
lift lobby	roro ararewa
mailroom	kōmiringa kōpaki
main entrance	kūaha matua
no admittance	kaua e kuhu mai
no exit	kaua e puta mā konei
reception area	taupaepae
records	rokinga kōrero/pūranga kōrero
room	taiwhanga
smoke alarm	pūoho auahi
smoko	henga
storage area	rokiroki
storeroom	rokiroki
studio	papamahi
storage	rokinga
waiting room	taiwhanga
way out	ara puta
work station	taupuni mahi

Equipment and Stationery Terms
Ngā Taputapu me ngā Pānga Tuhituhi

binding machine	pūrere tuitui
briefcase	kopamārō
brochure	pānui whakamārama/mātārere

bulldog clip	rawhipuka
calculator	tātaitai
calendar	maramataka
carbon paper	puka tārua
cash register	hake ukauka
cell phone	waea pūkoro
clip	rawhi
clipboard	paparawhi
date stamp	pourangi
diary	rātaka
dictaphone	hopu kōrero
dictionary	papakupu
drawer	hautō
drawing pin	tia
electrical cord	taura hiko
encyclopaedia	mātāpunenga
extension (telephone)	pekanga
extension cord	katete
facsimile machine	waea whakaahua
facsimile	waea whakaahua/karere whakaahua
felt pen	pene whītau
file	kōnae
filing cabinet	pūpoho kōnae
first aid kit	tīpae whawhati tata
flyer	mātārere
folder	kōpaki
form	puka
frank (envelopes)	tāpane
franking machine	pūrere tāpane
guillotine	pororere
glue	kāpia
hole punch	weropepa
in-tray	pae reta mai
inventory	rārangi taputapu
letterhead	ūpoko reta
letter opener	huaki reta
memo	manatu
mobile phone	waea pūkoro
note pad	tuataka tuhi
notice	pānui

out-tray	pae reta atu
overhead projector	rauata
pager	pūoho
pamphlet	pānui whakamārama
paper clip	kini pepa
paper shredder	whakangaku pepa
pencil	pene rākau
pencil-holder	ipupene
pencil-sharpener	whakakoi pene
petty cash	ō manapou
photocopier	pūrere whakaahua
postage stamp	pane kuini
power cord	taura hiko
ring binder	ruruku
rubber (eraser)	muku
rubber band	heherapa
rubber stamp	pourapa
rubbish bin	raupara/ipupara
scissors	kutikuti
sellotape	hāpiapia
stamp-pad	hautai
staple	makatiti/tēpara
stapler	makatiti/tēpara
staple remover	tango makatiti/tango tēpara
stationery	pānga tuhituhi
telephone directory	pukapuka (tau) waea
telephone number	tau waea
thesaurus	punakupu

Computer Terms
He Kupu Rorohiko

align	tiaro
alignment	tīaroaro
backup	tārua
bold	miramira
bulletin board, electronic	papa pānui rorohiko
cancel	whakakore
column	tīwae
computer	rorohiko

computer keyboard	papa pātuhi
cursor	pehu
data	raraunga
database	pātengi raraunga
default	puta aunoa
directory	rārangi kōpaki
disk	kōpae
disk, floppy	kōpae pingore
disk-drive unit	puku rorohiko
diskette	kōpae/kōpaepae
document	tuhinga
e-mail	mēra-hiko/karere hiko
enter	whakauru
escape	hōnea
establish	whakatū
examine (look at carefully)	(āta) tirotiro
explain	whakamārama
exit	waiho
field	āpure
file	kōnae
folder	kōpaki
follow	whai
font	momotuhi
footer	hiku
footnote	kupu tāpiri
format n.	kāhua
formulate	whakatakoto/whakahiato
grid	pukurau
grid lines	pukurau
hard copy	tānga
hard disk	kōpae matua
hardware	taputapu rorohiko
header	pane
help	āwhina
highlight (text etc.)	tīpako
icon	ata
indent	nuku
indent left	nuku mauī
indent right	nuku matau
insert	kuhu/kōkuhu
internet	ipurangi

italic	tītaha
key	pātuhi
keyboard	papa pātuhi
laptop computer	rorohiko pōnaho/rorohiko pona
layout	takoto
mouse	kiore
mouse-pad	pae kiore
page break	wehe whārangi
page view	tiro whārangi
paginate	whakawhārangi
personal computer	rorohiko (whaiaro)
point	pūrau
point size	rahi
print	tā
print preview	tiro tānga
printer	pūrere tā
printer, laser	tā taiaho
publish	tauaki
quit	whakamutu
RAM	RAM
revise	whakapai ake
ROM	ROM
row	haupae
save	pupuri/purihia
save as	purihia pēneitia:
scanner	matawai
screen	mata
shut down	whakaweto
software	pūmanawa rorohiko
space bar	pātuhi mokowā
speller	pūmanawa tātaki kupu
spreadsheet	ripanga
start up	whakaoho
strike thru	tāroto
sub-directory	rārangi kōnae
terminal	kāpeka
undo	whakakore
word processor	punenga kupu
visual display unit (VDU)	mata
virtual reality	ao mariko

Punctuation
Ngā Tohu Tuhi

acute (accent)	tohutio
alphabet	wakapū
bold	miramira
bracket	taiapa
capital letter	pūmatua
circumflex	tohu tiorea
colon	kopirua
comma	piko
consonant	pūkati
dash	āputa
exclamation mark	tohuhā
full stop	kopi
grave (accent)	tohurea
hyphen	tohuwehe
italics	tītaha
letter (of alphabet)	pū
lower case letter	pūriki
macron	tohutō
paragraph	kōwae
postscript	kupu āpiti
print (lettering)	āta tuhi
question mark	tohu pātai
quotation mark	korukī
quotation mark, double	kokorukī
semi-colon	kopi-piko
slash	rītaha
space	mokowā
subscript	(pū) hauraro
superscript	(pū) ripa
upper case letter	pūmatua
vowel	pūare

Accounting and Administration Terms
Te Taha Kaute me te Taha Whakahaere

ACC Earner Premiun	(te) tāke kaimahi a ACC
ACC Employer Premium	(te) tāke kaituku mahi a ACC

account (statement of expenditure)	kaute
account, autocall	pūtea tango noa
account, bank	pūtea (pēke)
account, cheque	pūtea haki
account, joint	pūtea tukutahi
account, savings	pūtea penapena
account book	pukapuka kaute
account payee only	ki te ingoa e mau nei
accounts payable	kaute nama atu
accounts receivable	kaute nama mai
accounting	mahi kaute
accounting policy	kaupapa kaute
accrual accounting	kaute tahua
accumulated funds	tahua
additional tax	tāke tāpiri
agreement	kirimana
amendment	whakahounga
analyse	tātari
annual leave	whakamatuatanga ā-tau
annual report	pūrongo ā-tau
appendix	tāpiritanga
application	tono
application form	pukatono
appoint	whakatū
apprentice	pia
assess	arotake
assessable income	(ngā) whiwhinga moni ka taea te tāke
asset	hua
asset, current	hua wātea
asset, fixed	hua pūmau
audit	tātari kaute
audit trail	maheu tātari kaute
auditor	kaitātari kaute
bad debt	nama kāore i utua
balance date	te paunga o te tau whiwhinga moni
balance sheet	puka whakatairite
bank statement	pūrongo pēke
bankrupt, bankruptcy	kaihau
body corporate	rangatōpū
brainstorm	ōhia manomano

budget	pūtea
business plan	mahere pakihi
capital	haupū rawa
cash	ukauka
cash flow	kapewhiti
catalogue n.	rārangi
character reference	taunaki whanonga
chattel	rawa
client base	apataki
collateral	taituarā
commerce	tauhokohoko
commercial	arumoni
common law	ture tuku iho
company	pakihi/umanga
condition	here
confidential	matatapu
confidentiality	noho matatapu/noho tapu
contingent liabilities	taunaha pā whakarere
contract	kirimana
corporate body	rangatōpū
cost	utu
cost, administrative	utu whakahaere
cost, historical	utu tūturu
costs, travel	utu hāereere
credit n.	moni tāwere
curriculum vitae	tāhuhu tangata
debit, to be in	noho nama
debt	nama
debtor	tangata noho nama
deficit	tarepa
deposit	moni tāpui
deposit, long-term	pūtea penaroa
deposit, short-term	pūtea penapoto
deposit slip	rau pūtea
depreciation	hekenga uara/hekenga wāriu
document	tuhinga
draft, rough	hukihuki
duty	tāke
duty, stamp	tāke tāpane
duty, gift	tāke koha

economics	ohanga
economy	ao ohanga
employment contract	kirimana kaimahi
enterprise	hinonga
enterprise, State-owned	hinonga Kāwanatanga
entrepreneur	rakahinonga
equal opportunities	ara tautika
equity	tūtanga
estimate	whakatau tata
evaluation	arotake(nga)
expenditure	whakapaunga
export	hoko ki tai
file reference	tohu kōnae
finance	pūtea
financial	pūtea
financial liability	taunahatanga pūtea
financial report	pūrongo pūtea
financial statement	tauākī pūtea
Fringe Benefit Tax	Tāke Utu Hemihemi
furniture and fittings	(ngā) tautara tari
goods	taonga
Goods and Services Tax	Tāke Hokohoko
government grant	pūtea kāwanatanga
grant	pūtea (i whakawhiwhia mai/atu)
guarantee	pūtāhui
guarantor	taituarā
hire purchase	hoko harangote
holiday pay	utu whakamatuatanga
import	hoko ki uta
income	whiwhinga, moni whiwhi
income, prepaid	whiwhinga tōmua/moni whiwhi tōmua
income tax	tāke moni whiwhi/tāke whiwhinga moni
injunction	aukati
inland revenue number	tātai tāke
insurance	rīanga
intellectual property rights	mana whakairo hinengaro
interdependence	taupuhipuhi
interest (paid)	huamoni

interest (charged)	utu huamoni
invest	haumi
investing activity	mahi haumi
investment	haumi
investment, long-term	haumi wāroa
investment, short-term	haumi wāpoto
invoice	nama
leasehold improvements	(ngā) whakapaipai tari
liabilities	(ngā) taunaha
liabilities, contingent	(ngā) taunaha pā whakarere
limited liability	taunaha tāpui
limited liability company	umanga taunaha tāpui/pakihi taunaha tāpui
liquidation	toremi
loan	pūtea taurewa
loss	(te nui o te) ngere
market value	uara mohoa
mission statement	koromakinga
net cash inflow	whiwhinga more
objective	whāinga
objective, long-term	whāinga roa
objective, short-term	whāinga poto
outcome	hua
output	whakamaunga atu
payables	(ngā) nama atu
PAYE	PAYE
penalty tax	tāke whiu
performance achieved	(ngā/te) mahi i tutuki
performance measure	(ngā/te) mahi me mātua tutuki
petty cash	ō manapou
policy	kaupapa
postage	utu karere
prepaid income	utu tōmua mai
prepayments	utu tōmua atu
profit on sale of asset	hua o te hoko rawa
project	kaupapa
provisional tax	tāke tōmua
quote	whakatau utu
receipt	puka whakamana utu
receivership	totohu
reconcile	whakatairite

reconciliation	whakatairite(nga)
recruitment	kimi kaimahi
redundancy payment	utu whakamutu mahi
reference number	tau kōnae
refund	whakahokinga moni
reimbursement	whakahokinga moni
remuneration	taiutu
rent	rīhi tari/rīhi whare
report	pūrongo
report, annual	pūrongo ā-tau
report, financial	pūrongo pūtea
residential withholding tax	tāke huamoni
residual income tax	tāke whakamutunga
retailer	kaihoko
revenue	whiwhinga (pūtea)
salary	utu ā-tau
secured loan	pūtea taurewa whai tāhu(hu)
security	tāhu(hu)
severance pay	utu whakamutu mahi
sponsor	kaitautoko ā-pūtea
sponsorship	tautoko ā-pūtea
statement	tauākī
strategic plan	mahere rautaki
submission	tāpaetanga kōrero
subsidy	pūtea tāpiri
surplus	hemihemi
target	(i) whāia (kia …)
tax, provisional	tāke tārewa
tax invoice	nama tāke
tax return	puka tāke
taxable activity	(he/ngā) mahi ka taea te tāke
taxpayer	kaiutu tāke
terminal tax	tāke whakamutunga
time-sheet	puka hāora mahi
toll-call	waea ki tawhiti
total	tapeke
trader	kaihokohoko
transaction	kurutete
travel	hāereere
wage	utu ā-hāora
warranty	pūtāhui

withdrawal slip   (puka) tango pūtea
write-off of fixed assets   ūkui rawa waikauere
written off   ūkuia

Writing Cheques in Maori
Te Tuhi Haki ki te Reo Māori

account payee only   ki te ingoa e mau nei
non-transferable   kāore e taea te whakawhiti

Miscellaneous
He Kupu atu anō

administer	whakahaere
advise	whakamāherehere
advice	whakamāherehere
agree with	whakaae
annual	ā-tau
answer	whakahoki/whakautu
appropriate adj.	hāngai, tika
apply (for funds, job etc.)	tono (i)
ask (for something to be done)	īnoi, tono
attach	tāpiri
audio-visual	ataata-rongo
authorise	whakaae
begin	tīmata
book (order)	whakarite
bring	hari mai
buy	hoko
change	whakarerekē/huri
close	kati
collect (fetch)	tiki
complete v.	whakaoti
confidential	noho tapu/matatapu
conscientious	ihupuku
cooperate	mahi ngātahi
cooperative n.	ohu
co-opt	tono (a Mea) kia uru mai
coordinate	ruruku/whakarite
copy v.	tārua

copyright	manatārua
correct v.	whakatikatika
decide	whakatau
deliberate v.	whiriwhiri
develop (formulate)	whakatakoto/hanga
development (training)	whakapakari
dictate	pānui ā-waha/kōrero ā-waha
disagree with	whakahē
discard	porowhiu
discuss	whiriwhiri (tahi)/kōrero
dispute	tautohe
distribute	toha(toha)
draft	hukihuki/tauira
draw v.	tuhi
enclose	rau
enrol	whakauru
enter (go in)	uru
equitable	tōkeke
ethical	matatika
evaluate	arotake
examine (look over)	tirotiro
expert	tohunga
explain	whakamārama
feasible	ka whaihua
feasible, not	kāore e whaihua
formulate	whakahiato
frank	tāpane
greet	mihi
guide v.	ārahi
implement v.	whakatinana/whakatutuki
industrial	ahumahi
indispensable	tino taonga
inform	whakamōhio
information	kōrero/pārongo
interpret	whakamāori/whakamārama
interview v.	patapatai/uiui
invite	pōwhiri
issue	take
liaise	takawaenga
liaison	takawaenga

maintain	whai kia (ū pūmau ki …/rite tonu te …)
meet (encounter)	tūtaki
meet with	hui (ki)
meticulous	mārehe
monitor v.	aroturuki
motivating	toitoi manawa
national (vs. regional)	o te motu
network	kōtuitui
obtain	whiwhi
occupational safety	ārai hauata mahi
open v.	huaki/whakatuwhera
order (stationery, taxi etc.)	whakarite/tono
overview	tiro whānui
percent	ōrau
periodical	hautaka
permanent	taumano/pūmau
press conference	hui pāpāho
press statement	pānui pāpāho
private (vs. public)	tūmataiti
private bag	pouaka motuhake
procedure	huarahi
professional (occupation)	ngaio
proficient	tohunga
programme	kaupapa
project	kaupapa/pūtere
public	tūmatanui
publish	whakaputa/tauaki
punctual	ū ki te hāora i whakaritea
quality	pai
quality, high	kairangi
questionnaire	rārangi pātai
quorum	tokamatua
rationale	pūtake
receive	tae mai/atu
e.g. *I have received your letter.*	Kua tae mai tō reta.
Have you received my letter?	Kua tae atu taku reta (ki a koe)?
recommendation	whakatau
recruit v.	kimi (tangata)
reply	whakahoki/whakautu
regional	ā-rohe

relevant	hāngai
research	rangahau
resolution	whakatau
retirement	ahungarua/whakangā-riro
revise	whakapai ake
scheme	kaupapa
semi-skilled	ihupuku
send	tuku
shift work	mahi tīpako
show v.	whakaatu
sign v.	haina/waitohu
signature	waitohu
skill	pūmanawa/tautōhito
specialist	mātanga
statistic(s)	tatauranga
strategic	rautaki
strategy	rautaki/huarahi
submit (reports etc.)	whakatakoto/tāpae
supervise	tirotiro
survey	tiro whānui
synopsis	whakarāpopoto(tanga)
system	pūnaha
systematic	nahanaha
technology	hangarau
teleconference	hui ā-waea
telephone	waea
temporary	rangitahi
testimonial, personal	taunaki pūmanawa
throw away	porowhiu
train v.	whakangungu/whakapakari
transfer (calls etc.)	whakawhiti
turn off (machine etc.)	tinei/whakaweto/poko
turn on (machine etc.)	whakakā
type v.	patopato
unanimous	oropapa
unethical	makihuhunu
unfeasible	kāore e whaihua
unreliable	hārakiraki
unskilled	ninipa
valid	whaitake/mana
valuable	tino taonga

urgent	whāwhai
e.g. Your response is required urgently.	E whāwhaitia ana tō whakautu.
useful	whaihua
voluntary, volunteer	tūao
workshop	awheawhe

Government Departments and Crown Entities
Ngā Whakahaere Kāwanatanga

A list of Government departments and Crown entities which have officially adopted a Māori title alongside their English name and display the Māori title on their official letterhead is provided below. The Māori Language Commission did not provide all of the names which appear in this list.

Government Departments
Ngā Tari Kāwanatanga

Ministry of Agriculture	Te Manatū Ahuwhenua
Audit Department	Te Tari Arotake o te Motu
Ministry of Commerce	Te Manatū Tauhokohoko
Department of Conservation	Te Papa Atawhai
Department for Courts	Te Tari Kooti
Ministry of Cultural Affairs	Te Manatū Tikanga-ā-Iwi
Customs Department	Te Mana Ārai o Aotearoa
Ministry of Defence	Te Manatū Kaupapa Waonga
Ministry of Education	Te Tāhuhu o te Mātauranga
Education Review Office	Te Tari Arotake Mātauranga
Ministry for the Environment	Te Manatū mō te Taiao
Ministry of Fisheries	Te Tautiaki i ngā tini a Tangaroa
Ministry of Foreign Affairs and Trade	Te Manatū Aorere
Ministry of Forestry	Te Manatū Ngāherehere
Government Superannuation Fund Department	Te Pūtea Penihana Kāwanatanga
Ministry of Health	Te Manatū Hauora

Ministry of Housing	Te Whare Āhuru
Inland Revenue Department	Te Tari Taake
Department of Internal Affairs	Te Tari Taiwhenua
Ministry of Justice	Te Manatū Ture
National Library of New Zealand	Te Puna Mātauranga o Aotearoa
Ministry of Māori Development	Te Puni Kōkiri
Ministry of Research, Science and Technology	Te Manatū Pūtaiao
Serious Fraud Office	Te Tari Hara Tāware
Department of Social Welfare	Te Tari Toko i te Ora
State Services Commission	Te Komihana o ngā Tari Kāwanatanga
Statistics New Zealand	Te Tari Tatau
Department of Survey and Land Information	Te Puna Kōrero Whenua
Ministry of Transport	Te Manatū Waka
The Treasury	Kaitohutohu Kaupapa Rawa
Ministry of Womens Affairs	Te Minitatanga mō ngā Wāhine
Office of Youth Affairs	Te Tari Taiohi

Crown Entities
Ngā Hinonga Karauna

Alcohol Advisory Council of New Zealand	Te Kaunihera Whakatūpato Waipiro o Aotearoa
Arts Council of New Zealand	Toi Aotearoa
Aviation Security Service	Kaiwhakamaru Rererangi
Broadcasting Standards Authority	Te Mana Whanonga Kaipāho
Careers Service	Rapuara
Civil Aviation Authority of New Zealand	Te Mana Rererangi Tūmatanui o Aotearoa
Commissioner for Children	Tiakina ā Tātou Tamariki
Early Childhood Development Unit	Ngā Kaitaunaki Kōhungahunga
Energy Efficiency and Conservation Authority	Te Tari Tiaki Pūngao

Foundation for Research, Science and Technology	Te Tūāpapa Toha Pūtea, Whakatakoto Kaupapa Rangahau, Pūtaiao
Health Research Council of New Zealand	Te Kaunihera Rangahau Hauora o Aotearoa
Health Sponsorship Council	Te Rōpū Whakatairanga Hauora
Hillary Commission for Sport, Fitness and Leisure	Te Kōmihana Hākinakina a Hillary
Housing Corporation of New Zealand	Te Kaporeihana Whare
Human Rights Commission	Te Kōmihana Tikanga Tangata
Landcare Research New Zealand Limited	Manaaki Whenua
Land Transport Safety Authority of New Zealand	Te Mana Marutau Waka Whenua o Aotearoa
Law Commission	Te Aka Matua o Te Ture
Learning Media Limited	Te Pou Taki Kōrero
Māori Broadcasting Funding Agency	Te Māngai Pāho
Māori Language Commission	Te Taura Whiri i te Reo Māori
Maritime Safety Authority of New Zealand	Te Mana Ārai Hauata Moana
Meteorological Service of New Zealand Limited	Te Ratonga Tirorangi
The Museum of New Zealand	Te Papa Tongarewa
National Institute of Water and Atmospheric Research Limited	Taihoro Nukurangi
New Zealand Film Commission	Te Tumu Whakaata Taonga
New Zealand Fire Service Commission	Whakaratonga Iwi
New Zealand Institute for Crop and Food Research Limited	Mana Kai Rangahau
New Zealand Lottery Grants Board	Te Poari Rota
New Zealand On Air	Irirangi Te Motu
New Zealand Police	Ngā Pirihimana o Aotearoa

New Zealand Qualifications Authority	Mana Tohu Mātauranga o Aotearoa
The Office of Films and Literature Classification	Te Tari Whakarōpū Tukuata, Tuhituhinga
Privacy Commissioner	Te Mana Mātāpono Matatapu
Race Relations Office	Te Tari Whakawhanaunga ā-Iwi
Radio New Zealand Limited	Te Reo Irirangi o Aotearoa
Special Education Service	He Tohu Umanga Mātauranga
Teacher Registration Board	Te Poari Kairēhita Kaiako
Transit New Zealand	Ararau Aotearoa
Transport Accident Investigation Commission	Te Kōmihana Tirotiro Aituā Waka